1分钟儿童小百科

名人小百科

介于童书/编著

江苏凤凰科学技术出版社·南京

图书在版编目（CIP）数据

名人小百科 / 介于童书编著 .— 南京 : 江苏凤凰科学技术出版社, 2022.2
（1 分钟儿童小百科）
ISBN 978-7-5713-2096-6

Ⅰ . ①名… Ⅱ . ①介… Ⅲ . ①名人—生平事迹—世界—儿童读物 Ⅳ. ①K811-49

中国版本图书馆 CIP 数据核字 (2021) 第 144613 号

1分钟儿童小百科
名人小百科

编著	介于童书
责任编辑	倪敏
责任校对	仲敏
责任监制	方晨
出版发行	江苏凤凰科学技术出版社
出版社地址	南京市湖南路 1 号 A 楼，邮编：210009
出版社网址	http://www.pspress.cn
印刷	文畅阁印刷有限公司
开本	710 mm × 1 000 mm 1/24
印张	6
字数	150 000
版次	2022年2月第1版
印次	2022年2月第1次印刷
标准书号	ISBN 978-7-5713-2096-6
定价	36.00元

图书如有印装质量问题，可随时向我社印务部调换。

扫一扫 听一听

前言

古往今来，无数的哲学家、音乐家、文学家、画家、科学家等，以其非凡的经历和超人的智慧，推动了人类文明的发展。哲学家培根曾说过：“用伟人的事迹来激励孩子，远胜一切教育。”本书介绍了 62 位各领域的杰出人物，他们专注于自己热爱的事业，通过自己的努力，在历史上留下了不可磨灭的痕迹。希望通过阅读这本书，你能被他们的智慧和个性吸引，被他们的精神感染，被他们的成就折服，从中受到激励和启发，进而树立远大志向并为之努力。

目录

哲学家

音乐家

画家

文学家

科学家

扫一扫 听一听

zhé xué jiā
哲学家

哲学家都拥有自己的哲学范式（存在和表现形式）和原创的哲学基础理论。哲学讨论的所有重要问题和观念，并不是为了产生某种知识，而是想创造一种思想能力。本章介绍了数位对于时代发展具有推动作用的哲学家，虽然他们拥有不同的世界观，但在历史的长河中，他们都发挥了属于自己的作用，并且证明了人类文明的包容性。

lǎo zǐ

老子

老子，春秋时期人，姓李，名耳，字聃，是道家学派的创始人。朴素的辩证法是老子思想的核心，他提出“物极必反”，也就是说事物发展到一定程度，必然会向相反的方向发展。在修身方面，老子主张“虚心实腹、不与人争”；在政治方面，他主张“无为而治、不言之教”。他的代表作品《道德经》是一部伟大的哲学著作，在世界范围内都享有重要地位。

知识链接

老子在道教中被称为“太上老君”，老子还曾被奉为世界文化名人、世界百位历史名人之一。《道德经》与《易经》《论语》被认为是对中国人影响最深远的三部思想巨著。

庄子

庄子，战国时期人，姓庄，名周。他是道家学派的代表人物，创立了庄学，与老子并称“老庄”。庄子使老子“道法自然”的思想得到了发展，其思想著作多用来辨明老子主张。相对论认识是庄子思想的重要组成部分，他认为万物相对又相生，既相互对立，又相互依赖。他的代表作品《庄子》被称为“文学的哲学，哲学的文学”，和《周易》《老子》并称“三玄”。

知识链接

庄子在文学语言方面对后世也有深远影响，其文章想象奇幻，文笔变化多端，运用寓言故事将哲理描绘得引人入胜，构成其独有的、充满想象的奇特世界，极富表现力和创造性，具有很高的文学价值。

sū gé lā dǐ

苏格拉底

sū gé lā dǐ shì xī fāng zhé xué de diàn jī zhě tā yǔ yà
苏格拉底是西方哲学的奠基者，他与亚
lǐ shì duō dé bó lā tú bìng chēng wéi gǔ xī là sān xián zài
里士多德、柏拉图并称为“古希腊三贤”。在
sū gé lā dǐ zhī qián xī là zhé xué zhǔ yào yán jiū zì rán sū gé
苏格拉底之前，希腊哲学主要研究自然，苏格
lā dǐ kāi shǐ yán jiū rén běn shēn zhè zài zhé xué shǐ shàng yǒu zhe zhòng
拉底开始研究人本身，这在哲学史上有着重
dà yì yì tā shì jiào yù shì yè de zhōng shēn cóng shì zhě zhǔ yào mù
大意义。他是教育事业的终身从事者，主要目
dì shì péi yǎng jù yǒu zhì guó cái néng de rén cái sū gé lā dǐ rèn
的是培养具有治国才能的人才。苏格拉底认
wéi yù rén yào shǒu xiān péi yǎng rén de měi dé jiāo rén chéng wéi yǒu dé
为育人要首先培养人的美德，教人成为有德
xíng de rén tā hái rèn wéi rén yí dìng yào xué xí guǎng bó de zhī shi
行的人；他还认为人一定要学习广博的知识。

知识链接

苏格拉底有一套独特的教学方法，他自己给这种方法起名为“产婆术”。因为这种方法是通过不断地提问，引导学生自己探索正确结论，而非直接讲出知识概念。这种方法在实践中取得了良好效果，故被世人称为“苏格拉底方法”。

bó lā tú
柏拉图

bó lā tú shì xī fāng kè guān wéi xīn zhǔ yì de chuàng shǐ
柏拉图是西方客观唯心主义的创始

rén bèi chēng wéi zhé xué zhī wáng tā rèn wéi shì jiè fēn wéi
人，被称为“哲学之王”。他认为世界分为

lǐ niàn shì jiè hé xiàn xiàng shì jiè lǐ niàn de shì jiè shì
“理念世界”和“现象世界”，理念的世界是

yǒng héng bú biàn de zhēn shí cún zài ér rén lèi gǎn guān suǒ jiē chù
永恒不变的真实存在；而人类感官所接触

dào de zhè ge xiàn shí de shì jiè zhǐ bú guò shì lǐ niàn shì jiè
到的这个现实的世界，只不过是理念世界

de wēi ruò yǐng zi tā yóu xiàn xiàng suǒ zǔ chéng ér měi zhǒng xiàn
的微弱影子，它由现象所组成，而每种现

xiàng dōu shì yīn shí kōng děng yīn sù bú duàn biàn huà de tā de dài
象都是因时空等因素不断变化的。他的代

biǎo zuò pǐn yǒu duì huà lù lǐ xiǎng guó
表作品有《对话录》《理想国》。

知识链接

柏拉图中年开始从事教育事业，西方教育史上第一个完整的学前教育思想便是由他提出的，他还建立了完整的教育体系。公元前387年，柏拉图创办了西方文明史上最早的有完整组织的高等学府之一——柏拉图学院。

卢梭

让－雅克·卢梭，法国启蒙思想家、哲学家。他主张自由与平等，反对专制，认为私有制使人与人之间产生了不平等。他在他的代表作《论人类不平等的起源和基础》《社会契约论》中，深入探讨了关于自由和平等的问题，以自然法、契约论为基础，论证国家一切权力属于人民，确立人民的自由意志在国家生活中的最高地位，借以否定君主主权论和议会主权论。

知识链接

卢梭在教育和文学领域也有所成就。在教育上，卢梭主张自然主义教育，他的作品《爱弥儿》体现了他的教育思想。他的小说《新爱洛伊丝》直接影响了后世浪漫主义小说的发展。

培根

弗朗西斯·培根，英国唯物主义哲学家。他开创了实验科学和近代归纳法，制定了系统的归纳逻辑。培根认为感觉是认识的开端，他所提出的唯物主义经验论的一系列原则，是其对于哲学的最大贡献。培根很重视科学实验对于认识的作用。他的代表作《培根随笔》中的文章风格活泼、短小精悍，记录了他站在哲学家角度对于广泛的人生问题的思考。

知识链接

培根的《谈读书》一文中有一名句：“读史使人明智，读诗使人灵秀，数学使人周密，科学使人深刻，伦理学使人庄重，逻辑修辞之学使人善辩。凡有所学，皆成性格。”

黑格尔

格奥尔格·威廉·弗里德里希·黑格尔，德国19世纪唯心论哲学的代表人物之一。黑格尔认为世界的本源是绝对精神，而逻辑学、自然哲学、精神哲学是其自我发展的三个阶段，他的这种辩证法原则贯彻在他所论述的每一个概念、事物和体系中。他的代表作品有《精神现象学》《逻辑学》《法哲学原理》等。

知识链接

黑格尔所建立的客观唯心体系不仅丰富了辩证法，它还是世界哲学史上最庞大的体系，对后世哲学流派产生了深远影响。1829年，黑格尔被任命为柏林大学（今日的柏林洪堡大学）校长。

Georg Hegel

康德

伊曼努尔·康德，德国古典理性主义哲学创始人。康德作为启蒙运动时期最后一位主要哲学家，被称为“不褪色的思想巨人”。他将弗朗西斯·培根的经验主义和勒内·笛卡尔的理性主义进行调和，认为人的经验和认识能力共同构成了普遍必然性的知识。他的代表作品《纯粹理性批判》《实践理性批判》《判断力批判》的完成，标志着批判哲学体系的诞生。

知识链接

康德提出的“人是目的而非手段”，推动了古典法哲学向现代法哲学转变和发展史上的革命性变革。康德被认为是继苏格拉底、柏拉图和亚里士多德后，西方最具影响力的思想家之一，是德国思想界的代表人物之一。

亚里士多德

亚里士多德，希腊哲学的集大成者。作为一位百科全书式的科学家，其著作包含了道德、美学、逻辑、科学、政治、玄学等知识，构建了西方哲学的第一个广泛系统。他认为知识起源于感觉，而世界是由各种本身的形式与“质料”和谐一致的事物所组成的。他的代表作品有《工具论》《物理学》《形而上学》《伦理学》《政治学》。

知识链接

亚里士多德不同于其老师柏拉图，他崇尚现实主义，主张一切从现实出发。在国家治理方面，他主张法治。他认为法律的制定应该遵从历史的理性，而非人的理性。

弗洛伊德

西格蒙德·弗洛伊德，创立了精神分析学派。他认为人的心理包括意识和无意识现象，无意识现象又分为潜意识和前意识。潜意识研究是弗洛伊德开创的新领域，它奠定了医学模式的新基础，影响了心理治疗领域的治疗方法体系。他的精神分析理论包括两个方面：人格发展和人格结构，是心理学史上第一个系统的人格理论。

知识链接

弗洛伊德提出了精神分析的概念，他的代表作《梦的解析》被认为是精神分析心理学正式形成的标志。而精神分析学派最终形成的标志，是国际精神分析学会的成立。

马克思

卡尔·海因里希·马克思，无产阶级革命导师，马克思主义创始人。马克思的主要成就包括马克思主义、科学无神论、历史唯物论、政治经济学、妇女理论等，他致力实现个人的全面自由发展。他的代表作品有《共产党宣言》《资本论》《关于费尔巴哈的提纲》《德意志意识形态》等。

知识链接

马克思主义学说由马克思与恩格斯共同创立，旨在引导全世界无产阶级和全人类彻底解放。国际共产主义运动的第一个纲领性文献——《共产党宣言》的起草，标志着马克思主义的诞生。

扫一扫 听一听

yīn yuè jiā
音乐家

德国哲学家尼采说过：没有音乐，生命是没有价值的。音乐是最能打动人的艺术形式之一，不同的音乐带给人们不同的感受。优美、欢快的音乐使人心情舒畅，雄壮、激昂的音乐使人热血沸腾，动感的音乐使人想要随之舞动……这是独属于音乐的魔力。本章给大家介绍了历史上一些有名的音乐家，他们在音乐领域都散发着属于自己的光彩。

巴赫

约翰·塞巴斯蒂安·巴赫，巴洛克时期德国音乐家。巴赫以器乐和声乐作品而闻名，他的作品体裁丰富，对欧洲近代音乐的发展有重要影响，他被誉为“西方音乐之父”。巴赫的作品充满了现实生活气息，且融合了西欧不同民族的音乐风格，并吸收了法国、德国、意大利传统音乐中的精华。他的代表作品有《勃兰登堡协奏曲》《马太受难曲》等。

知识链接

巴赫的众多作品中以宗教音乐为主，他通过宗教音乐形式，谱写了许多大型声乐作品，这些作品充满戏剧性，抒发了巴赫对人类苦难生活的怜悯和对未来和平幸福生活的渴望。

xiāo bāng
肖邦

fú lǐ dé lǐ kè fú lǎng suǒ wǎ xiāo bāng bō lán gāng qín
弗里德里克·弗朗索瓦·肖邦，波兰钢琴
jiā shì jì ōu zhōu làng màn zhǔ yì yīn yuè de dài biǎo rén wù yīn
家，19世纪欧洲浪漫主义音乐的代表人物。因
zuò pǐn dà bù fen shì gāng qín qǔ tā bèi yù wéi làng màn zhǔ yì gāng
作品大部分是钢琴曲，他被誉为“浪漫主义钢
qín shī rén xiāo bāng de zuò pǐn tǐ cái duō yàng bāo kuò yuán wǔ qǔ
琴诗人”。肖邦的作品体裁多样，包括圆舞曲、
qián zòu qǔ liàn xí qǔ děng nèi róng fēng fù yǐ bō lán mín jiān gē
前奏曲、练习曲等；内容丰富，以波兰民间歌
wǔ wéi jī chǔ qǔ diào rè qíng bēn fàng fǎn yìng le bō lán rén mín de
舞为基础，曲调热情奔放，反映了波兰人民的
shēng huó hé lì shǐ xiāo bāng de dài biǎo zuò pǐn yǒu jiàng dà diào huī
生活和历史。肖邦的代表作品有《降E大调辉
huáng dà yuán wǔ qǔ xiǎo diào gé mìng liàn xí qǔ děng
煌大圆舞曲》《c小调革命练习曲》等。

知识链接

波兰民间音乐对肖邦影响深远。肖邦后半生遭遇波兰亡国，为了抒发自己对国家的思念、对亡国的遗憾与痛恨，他创作了许多充满着爱国热情的战斗性作品以及哀叹国家命运的悲剧性作品。

贝多芬

路德维希·凡·贝多芬，维也纳古典乐派代表人物。他对古典音乐的发展做出了重大贡献。他的作品突破了传统音乐形式，将交响乐与声乐融合，并将交响乐的规模扩大，使古典音乐登上高峰，他被后世尊称为“乐圣”“交响乐之王”。他的代表作品有《降E大调第三交响曲》《c小调第五交响曲》《d小调第九交响曲》等。

知识链接

贝多芬性格倔强、敏感激动。其创作风格并不局限，作品题材广泛，涉及器乐、声乐等多个领域。他的音乐作品拥有非凡的气势和强烈的艺术感染力，是时代与个性相结合而创造出的产物。

mò zhā tè
莫扎特

沃尔夫冈·阿玛多伊斯·莫扎特，欧洲古典主义音乐作曲家。他的音乐作品保留了古典乐派的严谨、对称，又融合了意、德、法等国的音乐精华，重塑并定义了古典音乐，风格典雅、动听、抒情、欢快，融合了生活的深刻与艺术的美好。他谱写的作品在后来成为古典音乐的主要形式，如交响曲、嬉游曲、小夜曲、协奏曲、奏鸣曲等。

知识链接

莫扎特自小极具音乐天赋，被称为“音乐天才”。给莫扎特修理过头发的理发师讲过莫扎特的一件趣事：莫扎特从来都不能坐得安稳，一有灵感就会立刻冲向钢琴，理发师只能拿着头绳跟在他后面。

hǎi dùn

海顿

弗朗茨·约瑟夫·海顿，维也纳古典乐派奠基人。海顿的作品表达的态度符合其乐观、豁达的性格，音乐风格轻松、健康、幽默。因为欣赏民间音乐，海顿还将民间舞曲融入作品中。他的作品结构合理，旋律轻快，和声明晰，音乐细节处理得当，力度对比突出。他的代表作品有《第45号交响曲》《第88号交响曲》《创世纪》《四季》等。

知识链接

海顿的作品题材广泛、形式多样，使得古典音乐的样式与风格得到完善。因为在交响乐与四重奏领域贡献重大，海顿被称为“交响乐之父”“弦乐四重奏之父”。

李斯特

弗朗茨·李斯特，浪漫主义前期最杰出的代表人物之一，被誉为“钢琴之王”。李斯特的钢琴演奏风格气势磅礴，使钢琴的表现力得到了极大的丰富。李斯特在创作上强调音乐与感情的联系，在音乐中融合诗的内容与情感，为后世的音乐创作提供了新的形式与方向。他的代表作品有《浮士德》《十九首匈牙利狂想曲》等。

知识链接

李斯特曾为流亡的音乐家肖邦赢得表演的机会。当时，为了方便观众聚精会神地听演奏，音乐家演奏钢琴时，剧场的灯是关闭的。李斯特坐在钢琴前准备演奏，等剧场的灯一关，李斯特便让肖邦代替自己上台演奏。演奏结束后，观众们看到肖邦，都为他的演奏而赞叹。

瓦格纳

威廉·理查德·瓦格纳，德国作曲家、剧作家。他对歌剧进行了改革，坚持音乐必须服从戏剧的需要来创作。改革后的歌剧被称为乐剧，瓦格纳也被称为“乐剧巨匠”。他将音乐、戏剧、诗歌相结合，在创作中把歌剧的管弦乐队编制扩大，加强其表现力。他的代表作品有歌剧《漂泊的荷兰人》等，管弦乐《齐格弗里德牧歌》等。

知识链接

瓦格纳是德国歌剧史上承前启后的人物，他对歌剧的改革开启了后浪漫主义的歌剧作曲潮流，使浪漫主义歌剧发展到达顶峰，并对西方音乐史产生了重要影响。

舒伯特

弗朗茨·舒伯特，奥地利作曲家。他生活在古典主义转向浪漫主义的过渡时期，其交响乐是传统的古典主义风格，而歌曲却被赋予浪漫主义元素。舒伯特擅长将深沉的情感体验通过小巧的歌曲形式传达出来，使作品生出意想不到的魅力。他的歌曲或亲切，或单纯，或激动，或忧郁，浪漫主义色彩浓重。他的代表作品有《魔王》等。

知识链接

舒伯特思维敏捷，创作灵感如行云流水一般。据说他和朋友出门散步时，偶然读到一本莎士比亚诗集，读着读着心中就有了旋律，朋友在纸上给他画了五线谱，他便当场写下一首乐曲。

chái kě fū sī jī
柴可夫斯基

bǐ dé yī lǐ qí chái kě fū sī jī gǔ diǎn yīn yuè làng màn
彼得·伊里奇·柴可夫斯基，古典音乐浪漫
zhǔ yì shí qī de zhòng yào rén wù tā zài é luó sī yīn yuè fā zhǎn chéng
主义时期的重要人物。他在俄罗斯音乐发展成
jiù de jī chǔ shàng jiè jiàn xī shōu xī ōu yīn yuè wén huà fā zhǎn jīng
就的基础上，借鉴、吸收西欧音乐文化发展经
yàn bìng jié hé mín zú chuán tǒng yīn yuè jìn xíng chuàng zuò chéng xiàn chū xuán
验，并结合民族传统音乐进行创作，呈现出旋
lǜ qīng xī fù yǒu chuàng zào xìng yǔ xì jù xìng gǎn rǎn lì jí qiáng de
律清晰、富有创造性与戏剧性、感染力极强的
yīn yuè zuò pǐn tā bèi yù wéi é luó sī yīn yuè dà shī hé xuán
音乐作品。他被誉为“俄罗斯音乐大师”和“旋
lǜ dà shī tā de dài biǎo zuò pǐn yǒu bēi chuàng jiāo xiǎng qǔ sì
律大师”。他的代表作品有《悲怆交响曲》、四
bù xié zòu qǔ bā lěi wǔ tiān é hú hú táo jiā zi děng
部协奏曲、芭蕾舞《天鹅湖》《胡桃夹子》等。

知识链接

柴可夫斯基的作品与其经历有着密切联系，他生活在腐朽的沙皇专制时期，所以他的作品中有着对祖国命运和人生意义的深刻思考，以及对美好未来的追求，表现出深刻的悲剧性。

pà gé ní ní
帕格尼尼

ní kē luó pà gé ní ní ōu zhōu wǎn qī gǔ diǎn yuè
尼科罗·帕格尼尼，欧洲晚期古典乐
pài zǎo qī làng màn yuè pài yīn yuè jiā tā de zuò pǐn jié hé
派、早期浪漫乐派音乐家。他的作品结合
le dāng shí de wén huà huán jìng jǐn gēn yì shù cháo liú xī shōu
了当时的文化环境，紧跟艺术潮流，吸收
yì dà lì shēng yuè yǎn chàng yuán sù jù yǒu nóng liè de shí dài qì
意大利声乐演唱元素，具有浓烈的时代气
xī xuán lǜ xiān míng tā yōng yǒu jí gāo de xiǎo tí qín yǎn zòu
息，旋律鲜明。他拥有极高的小提琴演奏
jì qiǎo bìng jiā yǐ chuàng xīn jiāng jí tā yǎn zòu jì qiǎo yùn yòng
技巧，并加以创新，将吉他演奏技巧运用
qí zhōng ràng xiǎo tí qín de biǎo xiàn lì gèng jiā fēng fù tā de
其中，让小提琴的表现力更加丰富。他的
dài biǎo zuò pǐn yǒu èr shí sì shǒu suí xiǎng qǔ zhōng shēng děng
代表作品有《二十四首随想曲》《钟声》等。

知识链接

帕格尼尼的演奏技巧有多高呢？据说他可以用四根弦演奏出三个八度，而且用两根弦、一根弦都能演奏出动听的乐曲。因为他在拉琴时常常深陷其中，如痴如醉，人们形容他如魔鬼附身，称之为“魔鬼小提琴家”。

舒曼

罗伯特·舒曼，19世纪浪漫主义时期德国伟大的作曲家。他认为最理想的音乐是诗化的音乐，所以他的作品在传统歌曲创作的基础上，又融合了其自身的文学修养，在节奏、旋律、和声方面都具有其自身个性化的诗意表现，因此他被称为“诗人音乐家”。他的代表作品有《维也纳狂欢节》《蝴蝶》等，他还创办了《新音乐杂志》。

知识链接

舒曼自幼学习钢琴，大学时期遵从母亲意愿而改学法律。但他对法律丝毫不感兴趣，上学期间一直参加音乐活动，苦练钢琴演奏，他公开举办的演奏会得到了音乐界的好评。于是舒曼说服了母亲，走上了音乐的道路。

聂耳

聂耳，原名聂守信，字子义，中国音乐家。他创作的音乐贴合时代特点，且题材严肃，旋律高昂雄壮，艺术创造性极强。聂耳是中国无产阶级革命音乐的开创者和奠基者。他的作品反映了当时的生活和社会的主要矛盾，为中国无产阶级革命音乐的发展指出了方向。他的代表作品是中华人民共和国国歌《义勇军进行曲》。

知识链接

聂耳在中国音乐史上创造了很多个“第一”，比如他是第一个在歌曲中塑造了中国无产阶级形象的作曲家，是第一个在艺术歌曲中塑造了中国劳动妇女形象的作曲家。

酒店

扫一扫 听一听

huà jiā
画 家

他们专注于绘画创作与绘画艺术研究；他们对于绘画艺术极具热情，真诚而执着；他们通过作品表达自己对生活的态度；他们拥有敏锐的观察力、非凡的审美感受力、丰富的想象力；他们是绘画艺术的创造者，他们用独特的形式表达着自己，影响着世界，他们就是画家。本章介绍了11位优秀的画家，他们风格各异，但对绘画艺术史的发展都具有重要的推动作用。

qí bái shí
齐白石

qí bái shí jìn xiàn dài zhōng guó huì huà dà shī tā de
齐白石，近现代中国绘画大师。他的
zuò pǐn yǐ mò wéi zhǔ yì jìng chún pǔ zào xíng shēng dòng sè
作品以墨为主，意境淳朴，造型生动，色
cǎi míng kuài shì yì zhǒng qíng gǎn hé yì shù de jié hé yǔ pèng
彩明快，是一种情感和艺术的结合与碰
zhuàng tā shàn cháng huà huā niǎo chóng yú shān shuǐ hé rén wù qí
撞。他擅长画花鸟、虫鱼、山水和人物，其
zhōng yú xiā chóng xiè de chuàng zuò yóu wéi chū sè miào qù
中鱼、虾、虫、蟹的创作尤为出色，妙趣
héng shēng qí bái shí huà de xiā gèng shì yì jué bǐ xià de xiā
横生。齐白石画的虾更是一绝，笔下的虾
fǎng fú zài shuǐ zhōng xī xì qí dài biǎo zuò pǐn zhǔ yào yǒu mò
仿佛在水中嬉戏。其代表作品主要有《墨
xiā wā shēng shí lǐ chū shuǐ quán děng
虾》《蛙声十里出水泉》等。

知识链接

齐白石极其重视绘画作品中点、线、面的构成，其画作章法奇特且具有生命的灵动性，这种情感与艺术的结合赋予了其作品生命，在视觉上产生了强烈观感。

齊白石

xú bēi hóng
徐悲鸿

xú bēi hóng zhōng guó xiàn dài huà jiā měi shù jiào yù jiā
徐悲鸿，中国现代画家、美术教育家。
tā zài chuán tǒng zhōng guó huà de jī chǔ shàng jìn xíng gǎi liáng róng
他在“传统中国画”的基础上进行改良，融
rù xī fāng yì shù shǒu fǎ zhù zhòng guāng xiàn yǔ zào xíng qiáng diào
入西方艺术手法，注重光线与造型，强调
yào zhǔn què bǎ wò huì huà duì xiàng de gǔ gé jié gòu tā de chuàng
要准确把握绘画对象的骨骼结构。他的创
zuò tí cái guǎng fàn shàn cháng rén wù zǒu shòu huā niǎo děng tā
作题材广泛，擅长人物、走兽、花鸟等；他
de chuàng zuò fēng gé xīn yǐng dú tè zuò pǐn xǔ xǔ rú shēng suǒ
的创作风格新颖独特，作品栩栩如生，所
huà bēn mǎ xiǎng yǒu shèng yù tā de dài biǎo zuò yǒu bēn mǎ tú
画奔马享有盛誉。他的代表作有《奔马图》
qún mǎ fù shāng zhī shī tián héng wǔ bǎi shì děng
《群马》《负伤之狮》《田横五百士》等。

知识链接

徐悲鸿怀着复兴中国美术的信念，赴法国留学学习美术，又去英国、瑞士、意大利等国参观各大美术馆、博物馆，潜心研究历代艺术杰作。他在外苦学8年后回国，投身于祖国的美术教育工作中。

达·芬奇

列奥纳多·迪·皮耶罗·达·芬奇，欧洲文艺复兴时期的代表人物之一。他认为画家不仅要运用感官认识世界，还要运用理性探求世界的规律。他善于利用光影透视法进行绘画，认为眼睛和视觉是最好的“绘画工具”。达·芬奇与拉斐尔、米开朗基罗并称为意大利“文艺复兴三杰”。他的代表作品有《蒙娜丽莎》《最后的晚餐》《岩间圣母》等。

知识链接

达·芬奇是一个神童画家，他在童年时期便喜欢绘画，经常给家人和邻居作画。他还是一个十分博学的人，在音乐、建筑、数学、几何、天文学、植物学、解剖学等领域都有所成就。

莫奈

克劳德·莫奈，法国画家，印象派代表人物和创始人之一。莫奈对于光影和色彩的研究已经达到了痴迷的地步。在他的作品中很难看到突显的轮廓线和明确的阴影，这是独属于他的绘画风格。他还大力推广印象派的理论与实践，被誉为“印象派领导者”。他的代表作品有《日出·印象》《维特尼附近的罂粟花田》《睡莲》《干草堆》等。

知识链接

印象派画作通常描绘自然风景，用光影和色彩来表现自然界的瞬间印象。当我们在近处看印象派的绘画作品时，会看到许多不同颜色的点；但在远处观看时，这些点就会汇聚成一幅有着光感的画。

拉斐尔

拉斐尔·桑西，意大利著名画家，以创作圣母像闻名于世。他的作品风格与其温和文雅的性情完美贴合，充满着温馨、典雅，以及协调的秩序感。他创作的圣母就像人间的母亲一样，有着宁静、温暖的气息。他的作品将宗教题材与现实生活完美结合，充满了人文主义色彩。他的代表作品有《西斯廷圣母》《圣母的婚礼》《雅典学院》等。

知识链接

《雅典学院》是拉斐尔为梵蒂冈宫绘制的巨型壁画，内容是不同时代、不同地域、不同学派的学者们在自由地讨论。这幅画在技法上运用高水平的透视法，在情感上表达了人类对智慧和真理的追求。

gāo gēng
高更

bǎo luó gāo gēng fǎ guó hòu yìn xiàng pài huà jiā diāo sù
保罗·高更，法国后印象派画家、雕塑
jiā tā de huì huà fēng gé cū guǎng yǒu lì gòu sī dà dǎn chōng
家。他的绘画风格粗犷有力，构思大胆，冲
pò le jīng shén shù fù sè cǎi xiān míng xiàn tiáo dān chún jié zòu
破了精神束缚；色彩鲜明，线条单纯，节奏
gǎn jí qiáng néng gòu zhí jī rén de xīn líng zài tā kàn lái huì
感极强，能够直击人的心灵。在他看来，绘
huà dú lì yú zì rán zhī wài tā shǐ zhōng xiàng wǎng zhe yuán shǐ yǔ zì
画独立于自然之外，他始终向往着原始与自
rán de shēng huó yě yīn cǐ bèi chēng wéi yuán shǐ yǔ yě xìng de zhuī
然的生活，也因此被称为“原始与野性的追
xún zhě tā de dài biǎo zuò pǐn yǒu wǒ men cóng nǎ lǐ lái
寻者”。他的代表作品有《我们从哪里来？
wǒ men shì shuí wǒ men dào nǎ lǐ qù yóu hún děng
我们是谁？我们到哪里去？》《游魂》等。

知识链接

英国作家毛姆的长篇小说《月亮和六便士》就是以高更的生平为素材写就的。小说中描述了一个证券经纪人突然对艺术着了魔，然后放弃了看起来优越的生活，在一个与世隔绝的小岛上，把余生都献给了绘画的故事。

凡·高

凡·高，荷兰后印象派画家。凡·高喜爱田野乡村的风光，他将这些天然的风景及人物细致地描绘出来。这让他的画作更加朴实、隽永，有一种无法模仿、无法超越的魔力，凡·高也因此被称为“最纯粹的画家”。他对色彩有着超乎寻常的偏爱，其画作的色彩都较为夸张、奔放。他的代表作品有《星月夜》《向日葵》以及自画像系列等。

知识链接

凡·高早期受荷兰传统绘画和法国写实主义画派的影响，画风偏写实；后期因为接触到印象派和新印象派画家，画风大改，作品变得简洁明亮、色彩强烈。

sài shàng
塞尚

bǎo luó sài shàng fǎ guó zhù míng huà jiā hòu yìn xiàng pài de
保罗·塞尚，法国著名画家，后印象派的
zhǔ jiàng sài shàng rèn wéi sè cǎi yǔ xíng zhuàng wú fǎ fēn lí sè cǎi de
主将。塞尚认为色彩与形状无法分离，色彩的
tuán kuài sè cǎi de lěng nuǎn biàn huà sè cǎi duì bǐ hé jǐ hé yuán sù
团块、色彩的冷暖变化、色彩对比和几何元素
dōu shì tā yòng lái chuàng zuò de gōng jù tā diān fù le chuán tǒng de shì
都是他用来创作的工具。他颠覆了传统的视
jué tòu shì hé kōng jiān gòu zào shǐ chún cuì de yì shù zài huì huà lǐng yù
觉透视和空间构造，使纯粹的艺术在绘画领域
zhèng shì chū xiàn tā hái zhuī qiú zài huà zuò zhōng biǎo dá nèi hán yǔ qíng
正式出现。他还追求在画作中表达内涵与情
gǎn ér bù zhǐ shì chéng xiàn yǎn qián de jǐng xiàng sài shàng de dài biǎo zuò
感，而不只是呈现眼前的景象。塞尚的代表作
pǐn yǒu shèng wéi kè duō shān yǐ jí jìng wù xì liè děng
品有《圣维克多山》以及静物系列等。

知识链接

塞尚一生注重对艺术形式的追求，强调体积感和空间感，为“立体派”的发展指出了新的方向，同时也影响了现代诸艺术流派。塞尚被称为“现代绘画之父”。

bì jiā suǒ

毕加索

bā bó luó bì jiā suǒ xī fāng xiàn dài pài huì huà de zhǔ
巴勃罗·毕加索，西方现代派绘画的主
yào dài biǎo xiàn dài yì shù de chuàng shǐ rén bì jiā suǒ jī hū yì
要代表，现代艺术的创始人。毕加索几乎一
shēng dōu zài jìn xíng chuàng zuò qiě huà fēng duō biàn tā píng jiè qí zì
生都在进行创作，且画风多变。他凭借其自
shēn fēi fán de xiǎng xiàng lì hé fēng pèi de dú chuàng lì bú duàn de tàn
身非凡的想象力和丰沛的独创力，不断地探
suǒ gǎi biàn yì shù biǎo xiàn xíng shì tā de zuò pǐn zuì zhǔ yào de
索、改变艺术表现形式。他的作品最主要的
tè diǎn jiù shì yùn yòng kōng jiān sè cǎi hé xiàn tiáo gòu zào huà miàn
特点就是运用空间、色彩和线条构造画面。
tā de dài biǎo zuò pǐn yǒu dòu niú shì gé ěr ní kǎ kǎ
他的代表作品有《斗牛士》《格尔尼卡》《卡
sī wéi lè xiàng mèng yà wēi nóng shào nǚ děng
思维勒像》《梦》《亚威农少女》等。

知识链接

毕加索的艺术转折点是《亚威农少女》的创作，这幅作品与以往的画作不同，它的着眼点在形体而非色彩。画面中的内容被分解成几何块面，加上阴影的衬托，使画作有了三维空间的感觉，促进了立体主义的诞生。

mǎ dì sī
马蒂斯

hēng lì mǎ dì sī yě shòu pài de kāi chuàng zhě hé zhǔ
亨利·马蒂斯，野兽派的开创者和主
yào dài biǎo rén wù mǎ dì sī de zuò pǐn yǐ sè cǎi xiān míng
要代表人物。马蒂斯的作品以色彩鲜明、
dà dǎn ér zhù chēng tā xí guàn yòng dān chún de xiàn tiáo hé qiáng liè
大胆而著称，他习惯用单纯的线条和强烈
de sè cǎi chéng xiàn yì shù xíng xiàng tā zhè zhǒng yǐ cū guǎng de bǐ
的色彩呈现艺术形象。他这种以粗犷的笔
fǎ nóng zhòng de sè cǎi zì yóu zhuī qiú qíng gǎn biǎo dá de yì
法、浓重的色彩，自由追求情感表达的艺
shù biǎo xiàn xíng shì bèi chēng wéi yě shòu pài tā de dài biǎo zuò
术表现形式被称为“野兽派”。他的代表作
pǐn yǒu wǔ dǎo shēng huó de huān lè kāi zhe de chuāng hu
品有《舞蹈》《生活的欢乐》《开着的窗户》
dài mào de fù rén děng
《戴帽的妇人》等。

知识链接

《舞蹈》是一幅很有代表性的野兽派作品，画面内容是几个人在自由地舞动，极具张力的线条和对比强烈的色彩让野兽派的原始和魅力呼之欲出。

HENRY MATISSE 1869-1954
K150

lǔ běn sī

鲁本斯

彼得·保罗·鲁本斯，佛兰德斯画家，巴洛克画派早期的代表人物。他一生中创作了许多作品，包括宗教、神话、肖像、风景等多种题材。其作品拥有极强的戏剧性和丰沛的想象力，构图宏大，色彩饱满，对比鲜明，笔法自如洒脱，画面流动性极强，具有令人心潮澎湃的效果。他的代表作品有《阿玛戎之战》《强劫留西帕斯的女儿》等。

知识链接

鲁本斯的这种具有强烈运动感和整体感的独特绘画风格，是在佛兰德斯古老的传统民族美术的基础上，结合文艺复兴时期的人文主义思想和高超的艺术技巧而形成的。

扫一扫 听一听

wén xué jiā
文学家

yuè dú shì rén men jí qǔ jīng shén yǎng fèn de zhòng
阅读是人们汲取精神养分的重
yào tú jìng yōu zhì de wén xué zuò pǐn kě yǐ bāng rén jiàn
要途径，优质的文学作品可以帮人建
zào kuān guǎng jiān shí de jīng shén shì jiè wén xué jiā jiù
造宽广、坚实的精神世界。文学家就
shì chuàng zào jīng shén yǎng liào de rén tā men tōng guò shī
是创造精神养料的人，他们通过诗
gē xiǎo shuō xì jù děng wén xué tǐ cái biǎo dá zì jǐ
歌、小说、戏剧等文学体裁表达自己
de sī xiǎng bìng zài wén xué lǐng yù qǔ dé le yí dìng de
的思想，并在文学领域取得了一定的
chéng jiù duì rén lèi sī xiǎng de fā zhǎn qǐ dào le yí dìng
成就，对人类思想的发展起到了一定
de tuī dòng zuò yòng yǒu rén shuō shēng huó zhōng méi yǒu wén
的推动作用。有人说：生活中没有文
xué jiù hǎo bǐ tiān kōng zhōng méi yǒu yún cai jiù hǎo sì
学，就好比天空中没有云彩，就好似
dà hǎi zhōng méi yǒu làng huā jiù hǎo xiàng yè kōng zhōng méi yǒu
大海中没有浪花，就好像夜空中没有
xīng yuè
星月。

lǐ bái
李白

李白，字太白，号青莲居士，是盛唐时期的浪漫主义诗人。李白热爱大好河山，青年时期就出门游历，写下了很多歌颂自然山川的诗篇。李白的诗，就如同他的性格一样豪放、洒脱。李白擅长用比喻、夸张等修辞，他的诗歌语言清新、明快，内容包含丰富瑰丽的想象，有着浓厚的浪漫主义色彩和强烈的主观色彩。

知识链接

李白被世人尊称为“诗仙”，同行对他的赞誉也十分高，贺知章称他为“谪仙人”，杜甫赞他“笔落惊风雨，诗成泣鬼神”。

lǔ xùn
鲁迅

lǔ xùn zhōng guó xiàn dài wén xué de diàn jī rén bèi chēng wéi
鲁迅，中国现代文学的奠基人，被称为
mín zú jǐ liáng lǔ xùn de wén xué gòng xiàn shè jí xiǎo shuō
“民族脊梁”。鲁迅的文学贡献涉及小说、
sǎn wén zá wén fān yì hé shè huì píng lùn děng duō gè lǐng yù
散文、杂文、翻译和社会评论等多个领域。
tā de xiǎo shuō xuǎn cái dú tè duō zhǎn xiàn bìng tài shè huì xià bú
他的小说选材独特，多展现病态社会下不
xìng de rén men de shēng huó bǎi tài tā de zá wén jù yǒu qiáng liè
幸的人们的生活百态。他的杂文具有强烈
de pī pàn xìng qiě máo tóu zhí zhǐ rén de xīn lǐ yǔ líng hún tā
的批判性，且矛头直指人的心理与灵魂。他
de dài biǎo zuò pǐn yǒu kuáng rén rì jì nà hǎn páng huáng
的代表作品有《狂人日记》《呐喊》《彷徨》
zhāo huā xī shí děng
《朝花夕拾》等。

知识链接

鲁迅的思想和精神始终影响着中国文坛，堪称中国的民族魂。鲁迅还被誉为“20世纪东亚文化地图上占最大领土的作家”。后世设立了“鲁迅文学奖”，旨在奖励优秀文学作品的创作、翻译，推动中国文学事业繁荣发展。

老舍

老舍，原名舒庆春，字舍予，中华人民共和国第一位获得“人民艺术家”称号的作家。老舍的作品题材多来源于市民生活，他善于描绘城市贫民的生活和命运。他的语言风趣幽默，文字通俗平实，适合各种文化程度的人欣赏。此外，他的作品还表现出鲜明的爱国情怀。他的代表作品有《骆驼祥子》《四世同堂》《茶馆》等。

知识链接

老舍一生中不仅致力文学的创作和推广，还身体力行地参与曲艺，尤其是相声的改革，他将曲艺与文学相结合，使相声乃至曲艺完成了在新社会、新形势下的自身定位。

老舍先生
(1899-1966)

hé mǎ
荷马

hé mǎ gǔ xī là máng shī rén tā de dài biǎo zuò hé
荷马，古希腊盲诗人。他的代表作《荷
mǎ shǐ shī yǐ jì xù de shǒu fǎ jì lù le gǔ dài xī là cóng
马史诗》以记叙的手法记录了古代希腊从
shì zú shè huì xiàng nú lì shè huì guò dù de shè huì shǐ fēng sú
氏族社会向奴隶社会过渡的社会史、风俗
shǐ zhè bù shǐ shī jié gòu yán jǐn yīng xióng rén wù xíng xiàng yǐn
史。这部史诗结构严谨，英雄人物形象引
rén zhù mù yǔ yán jiǎn jié jīng liàn gù shi qíng jié shēng dòng qū
人注目，语言简洁精炼，故事情节生动曲
zhé tā shì xī fāng dì yī bù zhòng yào de wén xué zuò pǐn kāi
折。它是西方第一部重要的文学作品，开
chuàng le xī fāng wén xué de xiān hé hé mǎ yě bèi chēng wéi xī
创了西方文学的先河，荷马也被称为“西
fāng wén xué de shǐ zǔ
方文学的始祖”。

知识链接

《荷马史诗》分为《伊利亚特》和《奥德赛》两部分，内容涉及历史、地理、民俗等方面，对后期西方宗教、文化、伦理观产生了深远影响，具有很高的历史价值。西方学者还将其作为研究早期社会和文明的史料。

但丁

但丁·阿利吉耶里，意大利诗人，欧洲文艺复兴时代的先驱。他的代表作品有《神曲》《新生》《论俗语》《牧歌》《诗集》等，其中《神曲》的艺术价值最高。《神曲》通过描写地狱、炼狱、天堂中各种名人的对话，既揭露了社会现实，又抒发了理想。它在反映中古文化的成就和问题的同时，还映射出人文主义的曙光。

知识链接

恩格斯评价但丁说：“封建的中世纪的终结和现代资本主义纪元的开端，是以一位大人物为标志的，这位人物就是意大利诗人但丁。他是中世纪的最后一位诗人，同时又是新时代的最初一位诗人。”

shā shì bǐ yà

莎士比亚

wēi lián shā shì bǐ yà yīng guó wén xué shǐ shàng zuì jié chū de
威廉·莎士比亚，英国文学史上最杰出的
xì jù jiā mǎ kè sī chēng qí wéi rén lèi zuì wěi dà de xì jù tiān
戏剧家，马克思称其为“人类最伟大的戏剧天
cái shā shì bǐ yà de zuò pǐn duō shì jiāng jiù tí cái fù yǔ xīn sī
才”。莎士比亚的作品多是将旧题材赋予新思
lù tā rèn wéi xì jù fǎn yìng rén shēng suǒ yǐ jiān chí xiàn shí zhǔ yì
路，他认为戏剧反映人生，所以坚持现实主义
de chuàng zuò yuán zé zài tā de jù zuò zhōng cháng cháng jǐ tiáo xiàn suǒ xiāng
的创作原则；在他的剧作中，常常几条线索相
hù jiāo zhī gù shi qíng jié fù zá shēng dòng rén wù xíng xiàng gè xìng xiān
互交织，故事情节复杂生动，人物形象个性鲜
míng tā de dài biǎo zuò pǐn yǒu luó mì ōu yǔ zhū lì yè hā
明。他的代表作品有《罗密欧与朱丽叶》《哈
mǔ léi tè mài kè bái ào sài luó děng
姆雷特》《麦克白》《奥赛罗》等。

知识链接

《哈姆雷特》中有一段经典的独白：“生存还是毁灭，这是一个值得考虑的问题。默然忍受命运的暴虐的毒箭，或是挺身反抗人世的无涯的苦难，在斗争中结束这一切。这两种行为，哪一种是更勇敢的？”

马克·吐温

马克·吐温，美国作家、演说家。他创作了大量作品，体裁多样，包括小说、剧本、诗歌等。他的作品是当时美国社会的真实写照，作品主题多为批判当时社会不合理的现象和人性的丑恶。他的写作风格融合了幽默和讽刺，作品有着丰富的艺术想象力和夸张的语言表现力。他的代表作品有《百万英镑》《汤姆·索亚历险记》等。

知识链接

马克·吐温是笔名，他的本名是萨缪尔·兰亨·克莱门。一般认为他的笔名源自水手术语“Mark Twain”，意思是“两个标记”，也就是水深两浔（大约3.7米）。

罗曼·罗兰

罗曼·罗兰，传记文学的创始人，被称为“传记大师”。他的小说注重探索精神世界，他笔下的人物生动且贴合现实。他的传记歌颂的是对人类文学和思想做出贡献、拥有伟大灵魂的人物，如贝多芬、托尔斯泰等，他认为英雄的事迹可以给人们安慰。他的代表作品《名人传》对当代传记文学的产生有着重大的影响。他还获得了诺贝尔文学奖。

知识链接

罗曼·罗兰在国际上具有广泛的影响力，他不只进行文学创作，还积极投身于进步的政治活动，为人类自由、为社会的正义与光明而奋斗。他不只是作家，还是社会活动家。

dà zhòng mǎ
大仲马

yà lì shān dà zhòng mǎ rén chēng dà zhòng mǎ tā de zuò
亚历山大·仲马，人称大仲马，他的作
pǐn shèn fēng qí zhōng yǐ xiǎo shuō hé jù zuò wéi zhǔ dà zhòng mǎ de
品甚丰，其中以小说和剧作为主。大仲马的
xiǎo shuō yǐ zhēn shí lì shǐ wéi bèi jǐng jiā rù dà dǎn xū gòu de
小说以真实历史为背景，加入大胆虚构的
xiǎng xiàng qí zuò pǐn zhōng de rén wù kè huà xǔ xǔ rú shēng gù shi
想象。其作品中的人物刻画栩栩如生，故事
qíng jié diē dàng qǐ fú yǔ yán biǎo shù shēng dòng jié gòu qīng xī
情节跌宕起伏，语言表述生动，结构清晰，
jù zhōng rén wù duì huà jiǎn duǎn yǒu lì jié zòu gǎn jí qiáng yīn
剧中人物对话简短有力、节奏感极强。因
cǐ tā bèi yù wéi tōng sú xiǎo shuō zhī wáng tā de dài biǎo
此，他被誉为“通俗小说之王”。他的代表
zuò pǐn yǒu sān gè huǒ qiāng shǒu jī dū shān bó jué děng
作品有《三个火枪手》《基督山伯爵》等。

知识链接

大仲马在戏剧创作方面也取得了一定成就。他认为戏剧需要展示出生活的激情，所以他的戏剧作品也取材于现实生活，比如开辟了浪漫派喜剧道路的《亨利第三及其宫廷》，就是以16世纪法国宗教战争为背景创作的。

福楼拜

居斯塔夫·福楼拜，法国著名作家，被称为“自然主义之父”。他的作品既充满了浪漫主义情怀，又全力记录社会中细微的真实。同时，他还对现代小说审美趋向进行超意识、超时代的探索，他被20世纪法国“新小说”派称为“鼻祖”。他的代表作品有《包法利夫人》《萨朗波》《情感教育》《圣安东尼的诱惑》等。

知识链接

福楼拜到底属于浪漫主义流派还是现实主义流派，在文学界一直存在争议。福楼拜本人认为自己不属于任何一个流派，他曾说过：“正是由于我对现实主义的憎恶，我才写了《包法利夫人》这部小说。但是，我也同样憎恶愚弄我们的理想主义的假象。”

1821 - 1880

tuō ěr sī tài
托尔斯泰

liè fū ní gǔ lā yē wéi qí tuō ěr sī tài é guó
列夫·尼古拉耶维奇·托尔斯泰，俄国
pī pàn xiàn shí zhǔ yì zuò jiā tā de zuò pǐn bú zhù zhòng xiě zuò
批判现实主义作家。他的作品不注重写作
jì qiǎo ér shì bǎ xū gòu de yì shù yǔ zhēn shí de lì shǐ xiāng
技巧，而是把虚构的艺术与真实的历史相
róng hé zhuī qiú zhēn shí de fǎn yìng xiàn shí shēng huó què qiè de
融合，追求真实地反映现实生活，确切地
biǎo dá nèi xīn xiǎng fǎ zài sù zào rén wù fāng miàn tā shàn cháng
表达内心想法。在塑造人物方面，他擅长
kè huà rén wù de nèi xīn jiāng qí fù zá xìng duō miàn xìng háo
刻画人物的内心，将其复杂性、多面性毫
bù yǐn huì de biǎo lù chū lái tā de dài biǎo zuò pǐn yǒu zhàn
不隐晦地表露出来。他的代表作品有《战
zhēng yǔ hé píng ān nà kǎ liè ní nà fù huó děng
争与和平》《安娜·卡列尼娜》《复活》等。

知识链接

托尔斯泰对人性进行了深入思考，其作品多描述当时社会各阶层的生活图像，揭露当时社会的基本矛盾。列宁评价托尔斯泰是“俄国革命的镜子”，是具有“最清醒的现实主义”的“天才艺术家”。

pǔ xī jīn

普希金

亚历山大·谢尔盖耶维奇·普希金，俄罗斯浪漫主义文学的代表人物，同时也是现代主义文学的奠基人，被誉为“俄罗斯文学之父”。他的作品语言单纯、优美，具有迷人的意境和音乐美，表现力极强，且带有浓厚的民间文学气息，体现了俄罗斯文学的民族独创性。他的代表作品有《自由颂》《黑桃皇后》《渔夫和金鱼的故事》等。

知识链接

普希金的作品涉及诗歌、小说、戏剧乃至童话等领域，充满着对自由生活的向往，表达了光明终将战胜黑暗的坚定信仰，对俄罗斯文学界影响很大。普希金还被誉为“俄罗斯诗歌的太阳”。

雨果

维克多·雨果，法国浪漫主义作家。雨果的作品主题是鞭挞黑暗、丑恶、残暴，赞颂真、善、美。其作品中的人物性格夸张，情节曲折动人。雨果提出了美丑对照原则，他认为：“丑就在美的旁边，畸形靠近优美，粗俗藏在崇高的背后，善与恶并存，黑暗与光明与共。”他的代表作品有《巴黎圣母院》《悲惨世界》等。

知识链接

雨果的作品包含多种文学体裁，包括小说、诗歌、散文、剧作等。他的诗歌有着天马行空的想象力和巧妙的音韵。他的剧作有着强烈而矛盾的戏剧效果。

高尔基

马克西姆·高尔基，无产阶级文学代表，社会主义现实主义文学奠基人。高尔基一生都未曾停止对于个人与历史关系的探索，他想要寻求合理的社会生活。高尔基在底层生活的见闻与感受是他早期创作的题材之源，其作品洋溢着积极的人生态度，希望唤起人们对于生活的激情。他的代表作品有《童年》《在人间》《我的大学》等。

知识链接

高尔基积极投身于无产阶级革命斗争，即便不止一次被逮捕，他依然坚定自己的信仰。所以他作品中的人物往往拥有真实生动的形象，且内心冲突激烈，积极投身革命活动。

扫一扫 听一听

kē xué jiā

科学家

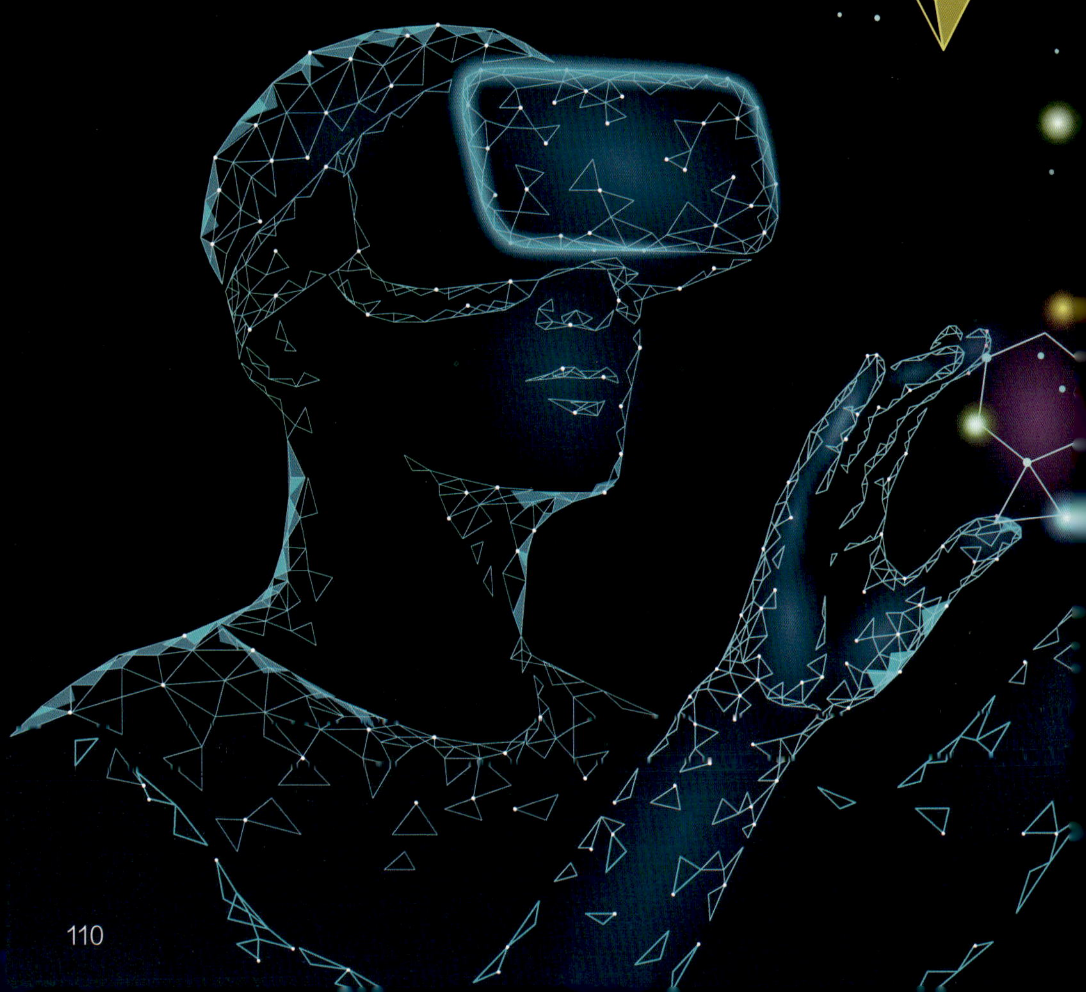

卡尔·萨根曾经说："我们人类是一种充满希望和毅力的物种，至少，也是拥有少许智慧、无尽的慷慨和热情，去探索我们所在的这个宇宙的物种。"人类文明之所以绚烂多彩，是因为人类从未停止过科学探索的脚步。从哥白尼到伽利略，从牛顿到法拉第，从爱因斯坦到霍金，每一步人类都走得铿锵有力，坚定无比。

本章所介绍的科学家，虽只是人类科学旅程中的一部分，但他们的存在使人类探索之旅走得更加稳健。他们创造发明的过程，便是人类文明发展的过程。

屠呦呦

屠呦呦，中国药学家。从事中医药研究60多年，发现并创制出用于治疗疟疾的药物——青蒿素和双氢青蒿素。这个成果挽救了全球特别是发展中国家数百万人的生命，推动了中医药科技的创新和人类健康事业的发展。她是获得诺贝尔生理学或医学奖的第一位华人科学家。

知识链接

疟疾是人类最古老的疾病之一，至今依然是一个全球广泛关注的重要公共卫生问题。屠呦呦的研究成果为人类对抗这种传染疾病做出了重大贡献，是中国医药卫生界的骄傲。屠呦呦的这次获奖是中国科学家因为在中国本土进行的科学研究而首获诺贝尔科学奖。

屠呦呦

qián xué sēn
钱学森

qián xué sēn shì jiè zhù míng kē xué jiā nián jiān nán
钱学森，世界著名科学家。1956年，艰难
guī guó de qián xué sēn zǔ jiàn yán jiū suǒ zài tā de dài lǐng xià zhōng
归国的钱学森组建研究所，在他的带领下，中
guó dì yī kē yuán zǐ dàn zhōng yú zài nián yuè rì bào zhà
国第一颗原子弹终于在1964年10月16日爆炸
chéng gōng zhī hòu yán jiū suǒ yòu xiāng jì chéng gōng yán zhì chū dì yī
成功。之后，研究所又相继成功研制出第一
kē qīng dàn hé dì yī kē rén zào wèi xīng qián xué sēn de guī guó xiào
颗氢弹和第一颗人造卫星。钱学森的归国效
lì jiāng zhōng guó dǎo dàn yǔ yuán zǐ dàn de fā shè tí qián le hěn duō
力，将中国导弹与原子弹的发射提前了很多
nián tā shì zhōng guó zài rén háng tiān de diàn jī rén zhōng guó liǎng dàn yì
年。他是中国载人航天的奠基人，中国两弹一
xīng gōng xūn de huò dé zhě bèi yù wéi zhōng guó háng tiān zhī fù
星功勋的获得者，被誉为“中国航天之父”。

知识链接

钱学森为祖国的发展与建设做出了不可估量的贡献。除了航天领域，他还在应用力学、物理力学、工程控制论和系统科学等方面有重要成就。

定决心·不怕
去争

阿基米德

阿基米德，古希腊百科式科学家，在物理、数学等领域都做出了重大贡献。他确立了静力学和流体静力学的基本原理，享有“力学之父”的美称。他研究出螺旋形曲线的性质、几何体表面积和体积的计算方法，他的数学思想中蕴含着微积分。阿基米德被誉为“数学之神”，他和高斯、牛顿并列为世界三大数学家。

知识链接

阿基米德在《论平面图形的平衡》一书中提出了杠杆原理，关于杠杆原理他还有一句流传很广的名言：“给我一个支点，我就能撬起整个地球！”

高斯

约翰·卡尔·弗里德里希·高斯，德国著名数学家。高斯在17岁时发现了质数分布定理和最小二乘法，后来又成功地证明了十七边形可以用尺规作图。高斯的数学研究几乎遍及所有领域，此外，他还将数学运用到大地测量学、天文学、力学、光学等领域。以“高斯”命名的成果有一百多项，高斯也因此享有“数学王子”的美誉。

知识链接

高斯从小在数学方面就很有天分，9岁时他就用很短的时间完成了对自然数从1到100的求和。他的方法是：把50对和为101的数列求和（1+100，2+99，3+98……），得到结果为5 050。

niú dùn
牛顿

ài sà kè niú dùn bèi yù wéi jìn dài wù lǐ xué zhī
艾萨克·牛顿，被誉为“近代物理学之
fù bǎi kē quán shū shì de quán cái zài lì xué shàng tā
父”，百科全书式的“全才”。在力学上，他
tí chū niú dùn sān dìng lǜ hé wàn yǒu yǐn lì dìng lǜ zài shù xué
提出牛顿三定律和万有引力定律；在数学
shàng tā yǔ lái bù ní cí gòng tóng fā míng le wēi jī fēn hái
上，他与莱布尼茨共同发明了微积分，还
zhèng míng le guǎng yì èr xiàng shì dìng lǐ zài guāng xué shàng tā chuàng
证明了广义二项式定理；在光学上，他创
lì le guāng de wēi lì shuō zài tiān wén xué shàng tā chuàng zhì
立了光的“微粒说”；在天文学上，他创制
le fǎn shè wàng yuǎn jìng tā de dài biǎo zuò pǐn yǒu zì rán zhé xué
了反射望远镜。他的代表作品有《自然哲学
de shù xué yuán lǐ guāng xué děng
的数学原理》《光学》等。

知识链接

据说万有引力的发现源于一个苹果。牛顿受到了苹果熟透后自然落地的启发，认为宇宙间任何物体间都有相互吸引的力，之后便深入研究并总结出万有引力定律。

拉瓦锡

安托万·洛朗·德·拉瓦锡，法国著名化学家，被后世称为“化学之父”。拉瓦锡对化学有三大重要贡献：一是从实验角度验证并总结了质量守恒定律；二是发现了燃烧原理，识别出了氧气、氮气、氢气；三是否定了四元素说和三要素说，建立了在实验基础上的化学元素的概念。

知识链接

拉瓦锡在《化学概要》中首次列出了准确的化学元素名称，正确描述了吸收和燃烧两种现象，还将化学方面所有处于混乱的发明创造整理得井井有条，这篇论文标志着现代化学的诞生。

诺贝尔

阿尔佛雷德·贝恩哈德·诺贝尔，瑞典化学家、发明家。他是炸药的发明者，也是军工装备制造商，被称为“炸药之父”。诺贝尔一生中的专利发明有三百多项，而且他在五大洲开设了多家公司与工厂。他不仅在军工方面取得了巨大成就，还在电化学、光学、文学、生物学等方面有所贡献。

知识链接

诺贝尔生前立下遗嘱，将其遗产的大部分作为基金设立奖项，授予世界各国为人类做出巨大贡献的人。该奖项以“诺贝尔”命名，包括物理学奖、化学奖、生理学或医学奖、文学奖、和平奖。

ALFR·
NOBEL
NAT·
MDCCC
XXXIII
OB·
MDCCC
XCVI

fǎ lā dì
法拉第

mài kè ěr fǎ lā dì yīng guó wù lǐ xué jiā huà xué
迈克尔·法拉第，英国物理学家、化学
jiā bèi chēng wéi diàn xué zhī fù hé jiāo liú diàn zhī fù
家，被称为“电学之父”和“交流电之父”。
fǎ lā dì zài diàn xué fāng miàn de gòng xiàn zuì wéi xiǎn zhù tā fā
法拉第在电学方面的贡献最为显著，他发
xiàn le diàn cí gǎn yìng xiàn xiàng tí chū le cí chǎng lì xiàn de jiǎ
现了电磁感应现象，提出了磁场力线的假
shuō bǎ cí lì xiàn hé diàn lì xiàn de zhòng yào gài niàn yǐn rù le
说，把磁力线和电力线的重要概念引入了
wù lǐ xué zài huà xué fāng miàn tā fā xiàn le diàn jiě dìng lǜ
物理学。在化学方面，他发现了电解定律
hé běn hái tuī guǎng le yīn jí yáng jí děng zhuān yè yòng
和苯，还推广了“阴极”“阳极”等专业用
yǔ tā hái fā míng le fā diàn jī hé diàn dòng jī
语。他还发明了发电机和电动机。

知识链接

由于家庭贫困，法拉第仅读过两年小学。但他有着强烈的求知欲，在书商家中当学徒时，他广泛阅读各类书籍，学习了很多自然科学方面的知识，并将知识付诸实践，最终成为一位自学成才的科学家。

jiā lì lüè
伽利略

jiā lì lüè jiā lì léi yì dà lì tiān wén xué jiā wù
伽利略·伽利雷，意大利天文学家、物
lǐ xué jiā jiā lì lüè shǒu cì bǎ shí yàn yǐn jìn lì xué tōng guò
理学家。伽利略首次把实验引进力学，通过
shí yàn yán jiū dé chū le zì yóu luò tǐ dìng lǜ tā tí chū le
实验研究得出了自由落体定律。他提出了
jiā sù dù gài niàn guàn xìng dìng lǜ hé yùn dòng xiāng duì xìng yuán lǐ
加速度概念、惯性定律和运动相对性原理
děng wèi jīng diǎn lì xué de yán jiū zuò chū le hěn dà gòng xiàn tā
等，为经典力学的研究做出了很大贡献。他
hái chuàng zhì le tiān wén wàng yuǎn jìng fā xiàn le hěn duō qián suǒ wèi
还创制了天文望远镜，发现了很多前所未
zhī de tiān wén xiàn xiàng tā de dài biǎo zuò pǐn yǒu guān yú tuō lè
知的天文现象。他的代表作品有《关于托勒
mì hé gē bái ní liǎng dà shì jiè tǐ xì de duì huà děng
密和哥白尼两大世界体系的对话》等。

知识链接

伽利略十分重视实验的作用，他主张自然规律要通过具体实验来取得，理论知识的源泉是实验。他反对迷信盲从，认为世界上没有绝对的真理，也没有可以掌握真理的绝对权威。他承认物质的客观性、多样性和宇宙的无限性。

爱因斯坦

阿尔伯特·爱因斯坦，犹太裔物理学家。他提出光量子假说，解释了光电效应，推动了量子力学的诞生，因此获得了诺贝尔物理学奖。他还创立了狭义相对论和广义相对论，这是物理学上的重大突破，为现代科学技术揭开了新的篇章。爱因斯坦被评为20世纪的“世纪伟人”，他的代表作品有《统一场论》《我的世界观》等。

知识链接

爱因斯坦不仅是科学家，还是一位音乐爱好者，自幼学习小提琴。科学研究和音乐在其生命中相辅相成，音乐能够为他的科学研究带来灵感。他曾说，如果没有成为一名科学家，他肯定会做一位音乐家。

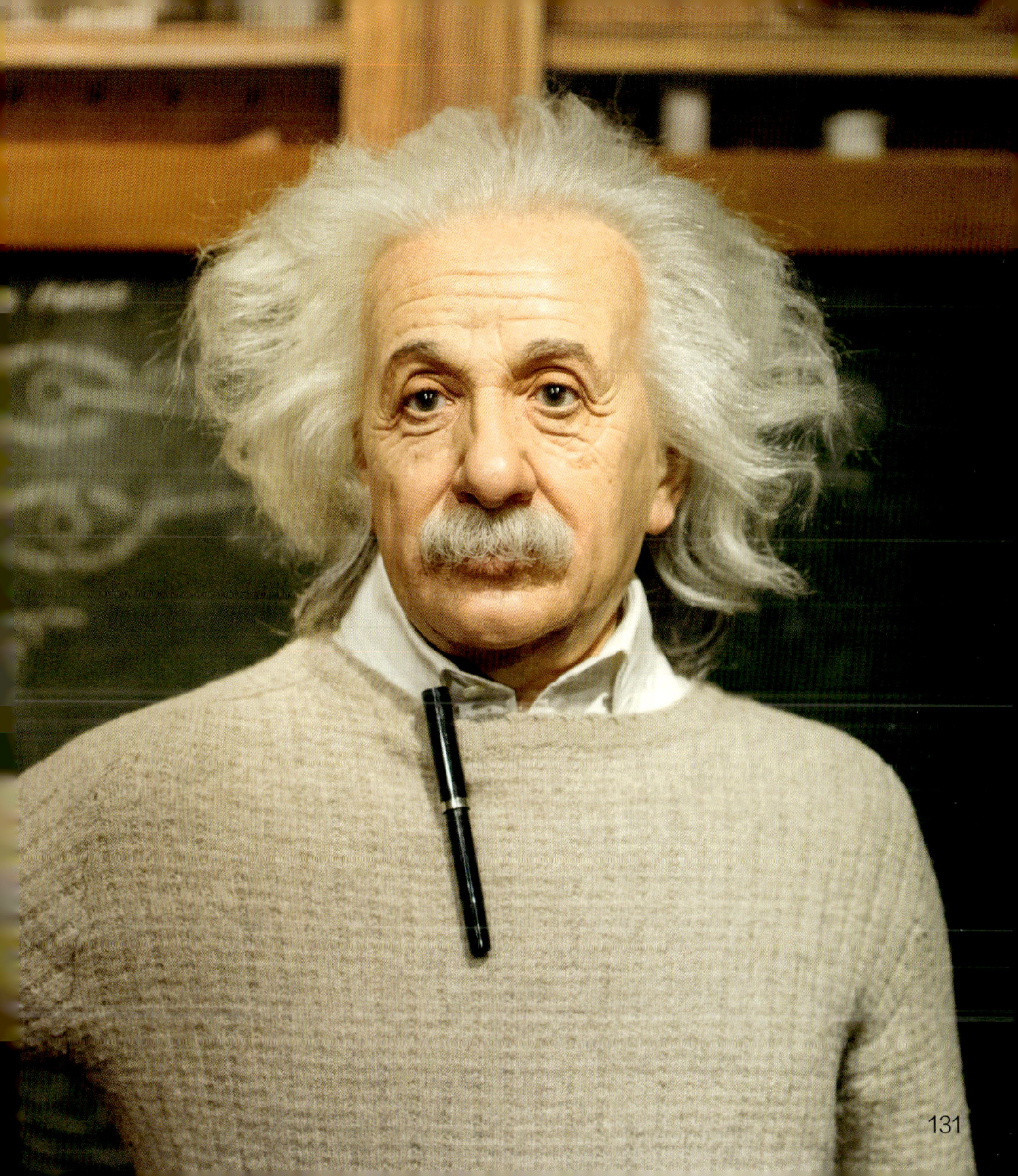

ài dí shēng

爱迪生

托马斯·阿尔瓦·爱迪生，美国著名发明家。他一生中拥有超过2 000项发明，是技术历史上著名的天才，被誉为“发明大王”。他的所有发明中对人类文明生活影响最大的四项发明为：电灯、有声电影、留声机和电力系统。爱迪生还创立了通用电气公司，利用电气工程研究的实验室和大量生产原则从事专利发明。

知识链接

爱迪生小时候，有一天很晚都没有回家，父母焦急地出门寻找，终于在院子旁边的草棚里发现了他，爱迪生正一动不动地趴在放满鸡蛋的草堆里。父亲很奇怪地问他在干什么，爱迪生说自己在孵小鸡，他看到母鸡会孵小鸡，觉得好奇，于是自己也试一试。

霍金

斯蒂芬·威廉·霍金，现代最伟大的物理学家之一。他的研究领域有天体物理学、理论物理学和数学。霍金致力研究宇宙的秘密，他在考察黑洞附近的量子效应时，发现了霍金辐射；他证明了广义相对论的奇性定理和黑洞面积定理；他提出了黑洞蒸发理论和无边界的霍金宇宙模型。他的代表作品有《时间简史》《果壳中的宇宙》《大设计》等。

知识链接

霍金除了是一位杰出的科学家，还是一位“生活强者”。他在21岁时患上肌肉侧索硬化症，全身瘫痪，但他并未被病魔打倒，而是长期与疾病作斗争，靠着全身唯一能活动的三根手指创造了一个又一个科学奇迹。

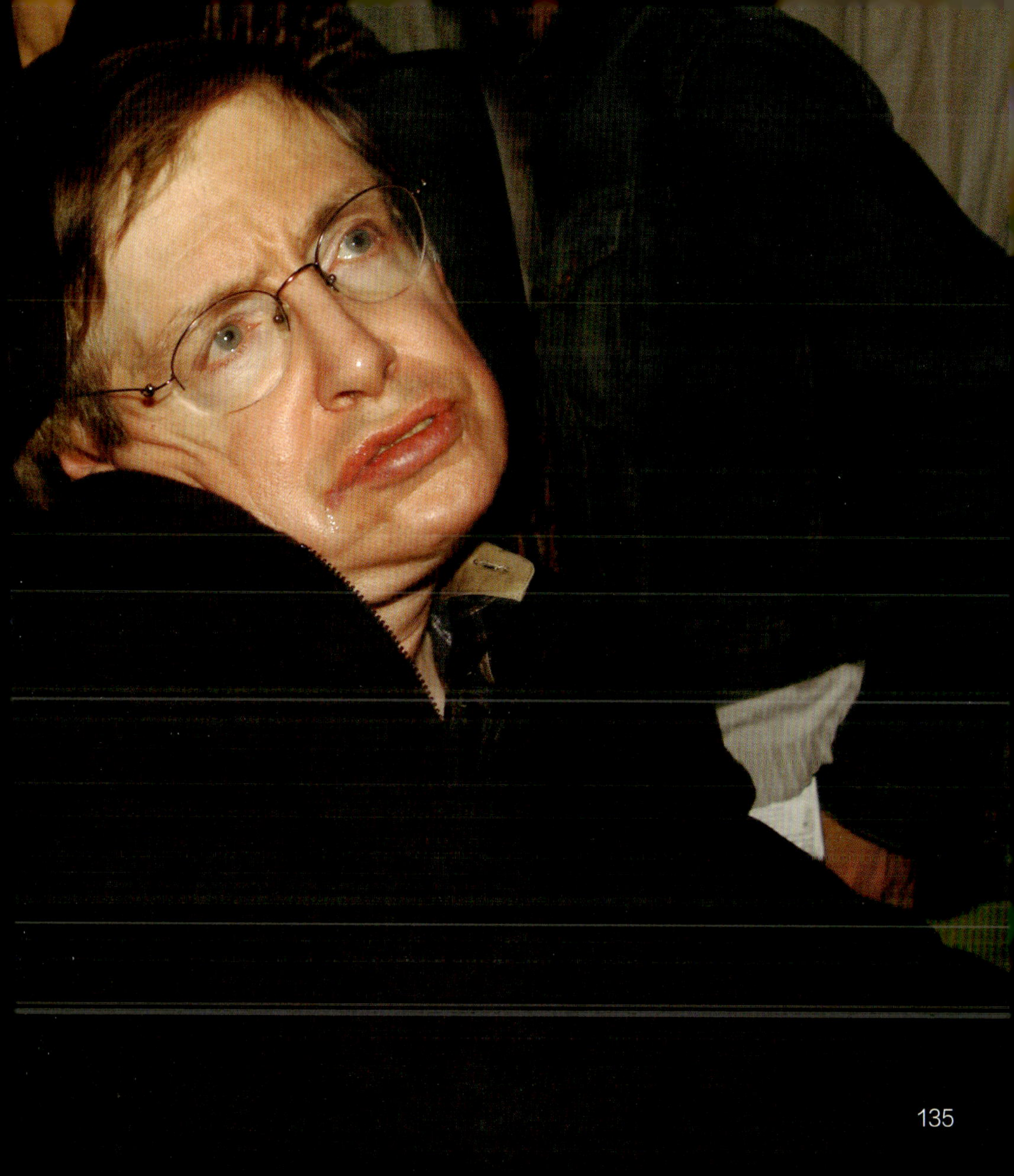

jū lǐ fū rén

居里夫人

mǎ lì jū lǐ quán míng mǎ lì yà sī kè wò duō fū sī

玛丽·居里，全名玛丽亚·斯克沃多夫斯

kǎ jū lǐ shì chēng jū lǐ fū rén tā xiān shì yīn duì fàng shè

卡·居里，世称“居里夫人”。她先是因对放射

xìng de yán jiū huò dé le nuò bèi ěr wù lǐ xué jiǎng hòu yīn fā xiàn le

性的研究获得了诺贝尔物理学奖，后因发现了

fàng shè xìng yuán sù léi hé pō huò dé nuò bèi ěr huà xué jiǎng tā shì

放射性元素镭和钋，获得诺贝尔化学奖。她是

shǒu gè liǎng cì huò dé nuò bèi ěr jiǎng de rén ér qiě shì zài wù lǐ xué

首个两次获得诺贝尔奖的人，而且是在物理学

hé huà xué liǎng gè lǐng yù tā hái kāi chuàng le fàng shè xìng lǐ lùn fā

和化学两个领域。她还开创了放射性理论，发

míng le fēn lí fàng shè xìng tóng wèi sù jì shù zài jū lǐ fū rén de zhǐ

明了分离放射性同位素技术。在居里夫人的指

dǎo xià rén men dì yī cì yòng fàng shè xìng tóng wèi sù zhì liáo ái zhèng

导下，人们第一次用放射性同位素治疗癌症。

知识链接

居里夫人是巴黎大学第一位女教授，她将一生都献给了科学事业，虽然获得了许多荣誉，她却并未将其看得很重。爱因斯坦评价她是“所有的世界著名人物当中，唯一没有被盛名宠坏的人”。

gē bái ní
哥白尼

ní gǔ lā gē bái ní bō lán tiān wén xué jiā shù xué jiā
尼古拉·哥白尼，波兰天文学家、数学家。
zuò wéi jìn dài zì rán kē xué de diàn jī rén gē bái ní zài tiān wén xué
作为近代自然科学的奠基人，哥白尼在天文学
lǐng yù xiān qǐ le yì cháng jù yǒu huà shí dài yì yì de gé mìng tā
领域掀起了一场具有划时代意义的革命。他
chuàng lì le rì xīn shuō rèn wéi tài yáng shì yǔ zhòu de zhōng xīn dì qiú
创立了日心说，认为太阳是宇宙的中心，地球
hé qí tā xíng xīng dōu shì wéi rào tài yáng yùn zhuǎn de zhè ge xué shuō
和其他行星都是围绕太阳运转的。这个学说
tuī fān le chén jiù de dì xīn shuō gǎi biàn le rén men duì yú zì shēn hé
推翻了陈旧的地心说，改变了人们对于自身和
yǔ zhòu de kàn fǎ shì rén lèi tàn qiú kè guān zhēn lǐ dào lù shàng de lǐ
宇宙的看法，是人类探求客观真理道路上的里
chéng bēi gē bái ní de dài biǎo zuò pǐn shì tiān tǐ yùn xíng lùn
程碑。哥白尼的代表作品是《天体运行论》。

知识链接

地心说认为地球位于宇宙中心静止不动，日心说相较于地心说已经有了很大的进步。但日心说也有错误，太阳并不是宇宙的中心，而是太阳系的中心。今天人类已经探测到更广袤的宇宙，但科学探索是永无止境的，真理更是没有穷尽。

互动小课堂

扫一扫 听一听

小朋友们读完了这本书，对各个领域的名人已有了初步的了解。根据下面的描述，试着写出名人的名字。

1. 他是我国春秋时期的哲学家，创立了道家学派。他是谁？

(　　　　　)

2. 他对古典音乐贡献重大，被后世尊称为“乐圣”“交响乐之王”。还记得他的名字吗？

(　　　　　)

3. 他是一位色彩主义画家，他的画作色彩都比较夸张、奔放。还记得他是谁吗？

(　　　　　)

4. 他是中国现代文学的奠基人，被称为“民族脊梁”。你记得他的名字吗？

(　　　　　)